BEI GRIN MACHT SICH
WISSEN BEZAHLT

- Wir veröffentlichen Ihre Hausarbeit,
  Bachelor- und Masterarbeit

- Ihr eigenes eBook und Buch -
  weltweit in allen wichtigen Shops

- Verdienen Sie an jedem Verkauf

Jetzt bei www.GRIN.com hochladen
und kostenlos publizieren

Tom Thaler, Sabrina Brück, Harald Schäfer

BPM Technologie Radar 2010

GRIN Verlag

Bibliografische Information der Deutschen Nationalbibliothek:

Die Deutsche Bibliothek verzeichnet diese Publikation in der Deutschen National-
bibliografie; detaillierte bibliografische Daten sind im Internet über http://dnb.d-
nb.de/ abrufbar.

Impressum:

Copyright © 2010 GRIN Verlag, Open Publishing GmbH
Druck und Bindung: Books on Demand GmbH, Norderstedt Germany
ISBN: 978-3-640-97597-6

Dieses Buch bei GRIN:

http://www.grin.com/de/e-book/176332/bpm-technologie-radar-2010

GRIN - Your knowledge has value

Der GRIN Verlag publiziert seit 1998 wissenschaftliche Arbeiten von Studenten, Hochschullehrern und anderen Akademikern als eBook und gedrucktes Buch. Die Verlagswebsite www.grin.com ist die ideale Plattform zur Veröffentlichung von Hausarbeiten, Abschlussarbeiten, wissenschaftlichen Aufsätzen, Dissertationen und Fachbüchern.

IWi – Institut für Wirtschaftsinformatik

BPM

Technologie

Radar

Business Engineering Labor

B.Sc. Tom Thaler, B.Sc. Sabrina Brück, B.Sc. Harald Schäfer

Inhalt

Abkürzungsverzeichnis

BAM	Business Activity Monitoring
BI	Business Intelligence
BPC	Business Process Compliance
BPD	Business Process Discovery
BPI	Business Process Improvement
BPM	Business Process Management
BPMN	Business Process Management Notation
BPO	Business Process Outsourcing
CEM	Customer Expectation Management
CEP	Complex Event Processing
CPM	Corporate Performance Management
DEA	Data Envelopment Analysis
DES	Discrete Event Simulation
EIS	Executive Information System
ERP	Enterprise Ressource Planning
MIS	Management Information System
SoA	Serviceorienterte Architekturen
UBPML	Unified Business Process Modeling Language
UML	Unified Modeling Language
WfM	Workflowmanagement

Abbildungsverzeichnis

Tabellenverzeichnis

1. Einleitung und Motivation

Gerade der Bereich des Geschäftsprozessmanagements ist gekennzeichnet durch eine kontinuierliche Erweiterung der Terminologie. In sehr kurzen Abständen werden hier neue Begriffe und Themenfacetten angesprochen, wobei es immer schwieriger wird, den Überblick über die Vielfalt dieser Aspekte zu halten und der Entwicklung zu folgen. Nicht einfacher macht es die Tatsache, dass immer häufiger so genannte „Buzzwords" in der Literatur auftauchen, welche weder implizit spezifiziert werden, noch ein näherer Bezug hergestellt wird.

Aus diesem Grund wird in der vorliegenden Arbeit gezielt nach entsprechenden Schlagwörtern und „Buzzwords" gesucht und versucht diese zu Definieren. Anschließend wird auf Grundlage der Ergebnisse ein Technologie-Radar aufgespannt, um einerseits die Relevanz und andererseits der Entwicklungsstand im innerhalb einer groben Kategorisierung grafisch zu veranschaulichen.

Kapitel 2 wird zunächst auf die Herangehensweise, die Such- und Auswertungsdesigns und die Annahmen zur Erstellung des Radars eingegangen. In Kapitel 3 werden anschließend die identifizierten Technologien ab einer bestimmten Relevanz kategorisch erläutert und im abschließenden Kapitel 4 im eigentlichen BPM-Technologie-Radar grafisch dargestellt.

2. Herangehensweise

2.1 Anforderungen

Um eine genaue Herangehensweise erarbeiten zu können bedarf es zunächst der Definition von Anforderungen für das zu entwickelnde Technologie-Radar. Das Hauptziel ist dabei die möglichst vollständige Abbildung aktueller und Technologien und Schlagwörter nach mehreren Dimensionen.

Einerseits soll der zeitliche Verlauf dargestellt werden, um den aktuellen Status der Themenfacette erkennbar zu machen. Andererseits soll die Relevanz der einzelnen Technologien nach quantitativen Kenngrößen ermittelt und abgebildet werden.

Als Ergebnis soll eine praktikable Übersicht entstehen, anhand derer die verschiedenen Aspekte auf einfache Weise den einzelnen Begrifflichkeiten und Themenfacetten zuzuordnen sind.

2.2 Identifikation relevanter Technologien

Generell stehen zwei methodisch unterschiedliche Ansätze zur Identifikation von relevanten Technologien zur Auswahl. Einerseits die empirische Durchführung von Experteninterviews, andererseits die Untersuchung der Themenauswahl aktueller Kongresse, Tagungen, Konferenzen oder Fachzeitschriften mit Fokus auf das Geschäftsprozessmanagement.

In der vorliegenden Arbeit wird auf den zweiten vorgestellten Untersuchungsansatz unter Zuhilfenahme von Internetrecherchen zurückgegriffen. Aufgrund des Anspruchs der möglichst vollständigen Abbildung der relevanten Themenfacetten bzw. Technologien wäre der Aufwand für Experteninterviews sehr hoch. Die Verfügbarkeit des Internets gewährleistet hingegen eine umfangreiche Datenbasis, wodurch dieses quantitative Mittel als geeignete Methode umgesetzt wird.

2.3 Relevanzbestimmung

Nachdem relevante Technologien identifiziert wurden, soll eine Bestimmung der Praxisrelevanz erfolgen, wozu diverse Literaturdatenbanken und Suchmaschinen die Grundlage bilden.

Die Auswahl der Literaturdatenbanken erfolgt nach mehreren Kriterien. Zunächst werden Datenbanken selektiert, welche einen aussagekräftigen Umfang im Bereich der Wirtschaftsinformatik aufweisen. Die beinhalteten Publikationsarten sollen sich von Zeitschriftenartikeln, Konferenzbeiträgen, Dissertationen und Pressemitteilungen über Forschungsberichte, bis hin zu Tagungsbänden und Hochschulschriften erstrecken, um ein möglichst breites Spektrum der verfügbaren Literatur abzudecken. Aus diesem Grund wird ebenfalls der Suchmaschine Google eine Bedeutung zugemessen, da diese im Bereich der nicht offiziell publizieren Inhalte interessante Ergebnisse über die Praxisnutzung liefert.

Als wissenschaftliche Literaturdatenbanken wurden Ebsco, ISI - Web of Knowledge, Google Scholar und Springer ausgewählt.

2.4 Suchdesign

Im Anschluss an die Auswahl der Suchquellen stellt sich die Frage des Suchdesigns, welcher diverse Vorüberlegungen zugrunde liegen müssen.

Zunächst besteht das Problem der Homonyme (z.b. BPM = Business Process Management und BPM = Bits per Minute, hier nochmals eine Unterscheidung im Medizin- und Audiokontext) und Synonyme (z.b. Social BPM und Collaborative BPM). Der Problematik der Homonyme soll hierbei mit Hilfe von logischen Operatoren entgegengewirkt werden, welche einen Zusammenhang mit verwandten Begriffen im Kontext verlangen. Synonyme werden in dem hier verwendeten Suchdesign einzeln untersucht und im resultierenden Technologie-Radar mehrfach abgebildet. Gleiches gilt für gängige Begriffe in unterschiedlichen Sprachen (z.B. „Service-orientierte Architekturen" und „service-oriented architectures"), wobei in diesen Fällen entsprechende Verweise angebracht werden.

Um weiterhin Fehler in der Auswertung zu vermeiden werden Begrifflichkeiten, welche aus mehreren Wörtern bestehen (z.B. „BPM in the large"), stets mit entsprechenden logischen Operatoren wie AND bzw. in Anführungszeichen in den Suchprozess überführt.

2.5 Auswertung der Ergebnisse

Die Ergebnisse, welche aus dem erläuterten Vorgehen resultieren, werden auf unterschiedliche Arten ausgewertet und, wie bereits im Kapitel 2.1 angesprochen, in mehreren Dimensionen im anschließenden Technologie-Radar abgebildet.

Der geforderte „zeitliche Verlauf" wird über eine Dimension mit den Ausprägungen „Basic Research", „Applied Research", „Product Concept", „Market Ready" und „Market Presence" realisiert, wie es bei der IEEE-ICMIT Konferenz in Singapur 2006 vorgestellt wurde. Weiterhin wird das Radar in verschiedene Bereiche aufgeteilt, um eine Zuordnung zu den Themen von Geschäftsprozessmanagement-Werkzeugen zu verdeutlichen. Die Ergebnisse der zuvor durchgeführten quantitativen Relevanzbestimmung werden in Form von verschiedenen Symbolen im Radar abgebildet. So steht ein Viereck für eine sehr hohe Relevanz, ein Kreis für hohe Relevanz und ein Dreieck für mittelmäßige Relevanz. Diese Relevanz wird dabei anhand der Anzahl der Suchtreffer ermittelt.

Die Zuordnung zu den einzelnen Kategorien „Business", „Process Modeling", „Information Technology" kann sich als relativ schwierig erweisen, da durchaus ein Bezug zu mehreren Kategorien bestehen kann. Sollten die Kategorien in einem solchen Fall benachbart angeordnet sein, wird der entsprechende Begriff auf der Trennlinie angeordnet, sollten die Kategorien hingegen gegenüberliegen, wird der Begriff in die Kategorie eingeordnet, in welcher Sie eine größere Bedeutung erfährt.

Ebenfalls kann der Fall eintreten, dass ein Aspekt in allen Kategorien Bedeutung findet. Hier wird von den Autoren ebenfalls diejenige Kategorie ausgewählt, welche am ehesten mit dem Begriff assoziiert werden kann.

Wie der Ausführung der Problematik zu entnehmen ist, ist es in diesem Fall nicht möglich eine absolut korrekte Zuordnung zu generieren, jedoch kann anhand der entsprechenden Erläuterungen in Kapitel 3 jeweils die Bedeutung des Begriffs erlesen werden. Die Zuordnung soll aus diesem Grund als Vorschlag verstanden werden.

Außerdem gibt es noch eine Rubrik „Buzzwords". Diese Wörter wurden in wissenschaftlichen Artikeln entweder nur am Rande erwähnt oder sind in Suchvorgängen als einzelne Wörter aufgetreten, ohne genauere Erklärung. „Buzzwords" sind meist noch sehr neu, daher findet man in der Literatur meist nur sehr wenig Information darüber und haben deswegen im Moment noch eine eher geringe Relevanz. Damit die „Buzzwords" trotzdem zugeordnet werden können, wird jeweils die zugehörige Quelle angegeben, in der das Wort genannt wurde.

Anlehnend an bereits publizierte Radare ist der Aufbau des hier zu erstellenden Technologie-Radars exemplarisch in der nachfolgenden Abbildung illustriert.

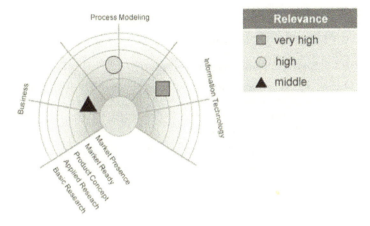

Abb. 1: Technology Radar Screen[1]

---

[1] In Anlehnung an: Rohrbeck, R., Heuer, J., Arnold, H.: The Technology Radar – An Instrument of Technology Intelligence and Innovation Strategy, Präsentationsfolie 5, IEEE-ICMIT Conference, Singapore (21.-23. Juni 2006)

3. Technologien

3.1 Fachliche Anforderungen

3.1.1 „Business Process Improvement" (BPI)

Unter „Business Process Improvement" versteht man das verbessern von Geschäftsprozessen. Dabei wird vor einem „Business Process Improvement" meist ein „Business Process Discovery" durchgeführt, welches die Geschäftsprozesse des Unternehmens darstellt.

„Business Process Improvement" stellt sich dabei immer folgende Fragen:

1. Welche Unternehmensziele gibt es und wie können Sie erreicht werden?

2. Weshalb wollen wir diese Unternehmensziele erreichen?

3. Geschäftsprozess verbessern: Wie können wir die Unternehmensziele unter der Nebenbedingung, dass wir unsere Unternehmensbeteiligten befriedigen, besser und schneller erreichen?[2]

Es gibt viele verschiedene BPI Typen, wie z.B. die Automatisierung von Prozessen oder Outsourcing. Dabei wird geprüft ob eine Automatisierung des Geschäftsprozesses einen höheren Nutzen für das Unternehmen darstellen kann oder aber ob das Outsourcen bestimmter Bereiche des Geschäftsprozesses einen Mehrwert liefert.[3]

3.1.2 „Corporate Performance Management" (CPM)

„Corporate Performance Management" oder auch „Business Performance Management" (BPM), „beschreibt Methoden, Werkzeuge und Prozesse zur Verbesserung der Leistungsfähigkeit und Profitabilität von Unternehmen."[4]

Laut Gartner handelt es sich beim „Corporate Performance Management" um die Ausarbeitung von Strategien sowie die betriebswirtschaftlichen Aktivitäten für die Planung und Budgetierung.[5]

---

[2] Vgl: http://en.wikipedia.org/wiki/Business_process_improvement Abruf: 12.07.2010.
[3] Vgl: http://www.tibco.com/multimedia/business-process-discovery_tcm8-2401.pdf Abruf: 12.07.2010.
3 Siehe: http://www.bpm-guide.de/articles/45 Abruf: 12.07.2010.
[4] Siehe: http://de.wikipedia.org/wiki/Corporate-Performance-Management Abruf: 12.07.2010.
[5] Siehe: http://www.itwissen.info/definition/lexikon/corporate-performance-management-CPM.html Abruf: 12.07.2010.

3.1.3 „Customer Expectation Management" (CEM)

Beim „Customer Expectation Management" (CEM) handelt es sich um eine Disziplin des Geschäftsprozessmanagements, welche die Prozesse auf die Erfüllung von Kundenerwartungen ausrichtet. Während sich die Tätigkeiten der Prozessmanager in den bisherigen organisatorischen Methoden wie TQM oder SixSigma an internen Prozessaspekten ausrichten (Inside-Out) liegt der Fokus des CEM auf dem Management der Erwartungshaltungen von Kunden (Outside-In). Dieser Ansatz ist vor allem auf einen gestiegenen Konkurrenzdruck, durch häufig bereits erreichte kritische Preise und einen geringen Spielraum weiterer Prozesseffizienzsteigerungen, zurückzuführen. Das Ziel dieses Ansatzes liegt darin, einmal akquirierte Kunden länger zu halten, indem Erwartungshaltungen kontinuierlich erfüllt werden.[6]

3.1.4 „Adaptive Enterprise"

Der Begriff „Adaptive Enterprise" (dt: anpassungsfähiges Unternehmen) ist relativ modern und wurde besonders von führenden IT Herstellern wie z.B. HP oder SAP geprägt. „Adaptive Enterprise" stellt ein Konzept dar, wie ein Unternehmen im Hinblick auf seine IT-Infrastruktur im Informationszeitalter, der Globalisierung und starken Marktschwankungen durch Agilität und Anpassungsfähigkeit, effizient und kostensparend wirtschaften kann.

„Ziel der Adaptive Enterprise Services von HP ist es, die Flexibilität der IT so weit zu steigern, dass sie diesen Anforderungen gerecht werden kann."[7]

3.1.5 „Business Process Compliance" (BPC)

Unter „Business Process Compliance" versteht man die Ausführung von Geschäftsprozessen im Einklang mit bestimmten, für das Unternehmen relevanten Normen.[8] Dies können sowohl interne Richtlinien, wie von Seiten der Qualitätssicherung, also auch externe Normen durch Genehmigungsbehörden, Standards oder Verträge sein.

---

[6] Siehe:
http://www.tschurter.com/index.php?id=customer&d=Customer%20Expectation%20Managem ent, Abruf: 19.08.2010.
[7] http://h40054.www4.hp.com/services/infrastruktur/adaptive_enterprise.html Abruf: 04.10.2010
[8] Rinderle-Ma, S.; Ly L.T.; Dadam, P.: Business Process Compliance; Institue of Database and Information Systems, University of Ulm, Germany, http://dbis.eprints.uni-ulm.de/467/1/EMISA_aktschlagwort_compliance.pdf, Abrufdatum: 31.08.2010.

3.1.6 „Business Process Standardization"

„Business Process Standardization" ist zu verstehen als die Standardisierung des Geschäftsprozessmanagements in seiner Gesamtheit. Dabei wird nicht nur die Standardisierung der Prozessmodellierung im Speziellen, sondern auch die Vereinheitlichung des Geschäftsprozessmanagements im Allgemeinen (u.a. der BPM-Zyklus) betrachtet.[9]

3.1.7 „Business Process Outsourcing" (BPO)

Damit Unternehmen im heutigen Markt bestehen können, bedarf der Konzentration auf Ihre Kernkompetenzen. Am Punkt des Outsourcings von Nicht-Kernprozessen spricht man vom „Business Process Outsourcing". Das Ziel ist dabei die kurz- (*Dynamic BPO*), mittel- oder langfristige Auslagerung von Geschäftsprozessen, welche in bestimmten Fällen von Fremdunternehmen kostengünstiger und effektiver erbracht werden können, als es im eigenen Unternehmen möglich wäre. [10]

3.1.8 „Business Process Strategy"

Die „Business Process Strategy" beschäftigt sich mit den Strategischen Fragen des Geschäftsprozessmanagements. Es umfasst unter anderem:[11]

-   Die Identifizierung von Änderungstreibern (Stake- und Shareholder)
-   Die Klärung der betrieblichen Zielsetzung, sowie die angestrebte Art der Zielerreichung (Strategie)
-   Ein Review der vorhandenen Prozesse und Technologien
-   Die Identifizierung von Optimierungsmöglichkeiten

3.1.9 Adaptive BPM

Adaptive BPM beschreibt die Fähigkeit, Organisation, Abläufe und Dokumente durch den Benutzer an sich ändernde äußere Bedingungen dauerhaft anpas-

---

[9] Lonjon, A.: Business Process Modeling and Standardization, BPTrends December 2004, http://www.bptrends.com/publicationfiles/12-04%20wp%20bpm%20and%20standardization%20-%20lonjon.pdf, Abrufdatum: 31.08.2010.

[10] Schäfer, M.: Business Process Outsourcing – Hauptseminar „Software und Agilität: Einsatz von Web- und Service-Technologien", Universität Stuttgart, Institut für Architektur von Anwendungssystemen, ftp://ftp.informatik.uni-stuttgart.de/pub/library/medoc.ustuttgart_fi/SEM-2008-07/SEM-2008-07.pdf, Abrufdatum: 02.09.2010.

[11] Business Process Strategy, http://www.investtechsystems.com/services/strategic-planning-business-process-strategy.htm, Abrufdatum: 02.09.2010.

sen zu können. Die Anpassung erfolgt dabei durch Mitarbeiter innerhalb des eigenen Unternehmens. Die Überwachung der Prozesse erfolgt hierbei durch direktes Kundenfeedback und nicht mit statistischen Mittelwerten. Adaptive bedeutet, dass Echtzeitwissen aus den letzten Prozessausführungen direkt auf die nächsten Ausführungen Einfluss nehmen kann.[12]

3.2 Modellierung

3.2.1 "Business Process Discovery" (BPD)

„Das Business Process Discovery" beschäftigt sich mit einer automatisierten Alternative zum herkömmlichen manuellen Ansatz der Erfassung von Prozesswissen, der sich in der Regel strukturierten Interviews bedient. Der Grundgedanken liegt darin, die elektronische „Fußspur" der Mitarbeiter kontinuierlich zu verfolgen, welche auf der prozessunterstützenden Informationstechnologie (IT) hinlassen wird.

Es handelt sich dabei um ein „Bottom-Up"-Vorgehen, welches detaillierte Informationen über einzelne Prozessstufen liefert und somit eine genaue Prozessdokumentation in Echtzeit ermöglicht. BPD gibt ebenfalls Aufschluss darüber, wie oft die verschiedenen Variationen eines Prozessen durchlaufen werden, welche Benutzergruppen diese verwenden, wie lange der Durchlauf dauert oder welche Datenbedingungen Anlass zur Prozessvariation geben. Dadurch können Geschäftsprozesse kontinuierlich auf dem neusten Stand gehalten werden, da BPD als automatisierter Prozess abläuft.[13]

Synonym: „Process Mining"

3.2.2 Referenzmodellierung

Die Referenzmodellierung (ausführlich: Referenz-Informationsmodellierung) ist ein spezielles Arbeitsgebiet der Informationsmodellierung, das sich mit Modellierungssprachen, -methoden, -werkzeugen und Referenzmodellen beschäftigt.

---

[12] Pucher, M.J.: Adaptive Prozesse, http://adaptiveprocess.wordpress.com/2010/04/01/ein-blick-ins-bpm-kaleidoskop/, Abrufdatum: 02.09.2010.

[13] Narings, A.: Messbare Prozessverbesserung durch automatisiertes Business – Business Process Discovery, http://www.bpm-expo.com/bpmexpo/export/sites/default/fachinfo/IT-Themen/BPDComprehend_DE_IT_Fokus_23_02_2007.pdf, Abrufdatum: 06.07.2010.

Referenzmodelle, die teilweise auch als Referenzsysteme bezeichnet werden, bilden den konzeptionellen Rahmen, d. h., sie sind übergeordnete Modelle, die den Ausgangspunkt für spezifische Modelle bilden.

Die übergeordnete Aufgabe der Referenzmodellierung besteht darin, die „Akzeptanz von Referenzmodellen bei zugleich angemessenem Aufwand ihrer Erstellung zu gewährleisten"[14]. Außerdem stellt die Referenzmodellierung die Summe aller Handlungen dar, welche die „Entwicklung und Anwendung wiederverwendbarer Modelle (Referenzmodelle) zum Ziel haben"[15].

3.2.3 Prozesskoordinator

Ein Prozesskoordinator oder auch Chief Process Officer (CPO) genannt, unterscheidet sich von dem Geschäftsprozessverantwortlichen. „Der Prozesskoordinator ist für die Optimierung des gesamten Geschäftsprozessmanagementsystems verantwortlich, während der Geschäftsprozessverantwortliche die Verantwortung für die Optimierung eines einzelnen Geschäftsprozesses trägt."[16]

„Zu den Aufgaben des Prozesskoordinators zählen:

1. Planung und Verfolgung einer unternehmensweiten Prozessstrategie.

2. Herstellen der Verbindung zwischen Unternehmensstrategie und Geschäftsprozessen.

3. Entwicklung und Pflege eines unternehmensspezifischen Prozessmodells.

4. Anpassung des unternehmensspezifischen Prozessmodells an Änderungen der Unternehmensstrategie und -organisation.

5. Festlegung und Kontrolle von Standards für die Prozessorganisation (Richtlinien für die Gestaltung, Dokumentation und organisatorische Integration von Geschäftsprozessen, Rollenbeschreibungen, Gremienorganisation).

6. Festlegung und Kontrolle von Standards für das Prozesscontrolling (Zielplanung, Prozesskennzahlen, Leistungsmessung, Leistungsreporting in Geschäftsprozessen).

---

[14] Brocke vom, J.: Referenzmodellierung – Gestaltung und Verteilung von Konstruktionsprozessen, Band 4, Logos Verlag Berlin 2003, S. 38.
[15] Dous, M.: Kundenbeziehungsmanagement für interne IT-dienstleister: Strategischer Rahmen, Prozessgestaltung und Optionen für die Systemunterstützung , DUV 2007, S.15.

7. Festlegung und Kontrolle von Standards für die Prozessoptimierung (kontinuierliche Prozessverbesserungen, Incentivesystem, Kopplung von KVP und Six Sigma mit dem Geschäftsprozessmanagement).

8. Bereitstellung prozessübergreifender Prozessmethoden und -tools."[17]

3.2.4 „Process Mining"

„Process Mining" kann als eine Unterklasse von „Data Mining" verstanden werden. Hierbei wird aus großen Datenbeständen Wissen extrahiert, wobei man sich beim „Process Mining" speziell auf das Prozesswissen konzentriert. Die Daten, mit denen sich das „Process Mining" beschäftigt, werden aus der Prozessausführung gewonnen und in einem Prozesslager („Process Warehouse") gespeichert. Mit diesem Wissen können dann Modelle erstellt werden, die weiterverarbeitet und genutzt werden können. „Process mining techniques allow for extracting information from event logs."[18]

3.2.5 Automatisierte Prozessmodellierung

Bei der automatisierten Prozessmodellierung werden Prozesse automatisch (meist grafisch) dargestellt und somit modelliert. Bis zu einem bestimmten Grad ist es zur heutigen Zeit möglich, diese Modellierung automatisiert ablaufen zu lassen. Handelt es sich beispielsweise um oft verwendete oder immer wiederkehrende Prozesse, kann das System dieses erkennen und selbstständig weitermodellieren. Dies spart Zeit bei der Modellierung und verhindert gleichzeitig Fehler, die während des Modellierens auftreten können.

3.2.6 "Unified Business Process Modeling Language" (UBPML)

Die „Unified Business Process Modeling Language" (UBPML) ist eine Modellierungssprache sowohl für die Fachseite, also auch für die DV-technische Seite, welche die dazwischenliegenden Spannungen lösen soll. Sie dient als Ergänzung zu den etablierten Standards der UML-Familie (Unified Modeling Language) und der BPMN (Business Process Management Notation). Entgegen der bisherigen Methode, bei welcher diese (mindestens) zwei Modelle se-

---

[17] Siehe: http://www.bpm-guide.de/articles/45 Abruf: 12.07.2010.
[18] Siehe: http://prom.win.tue.nl/research/wiki/ Abruf: 04.10.2010.

parat gepflegt werden mussten, stellt die UBPML eine Möglichkeit zur Prozessbeschreibung in einem integrierten Modell („Single-Source-Model") dar.[19]

3.2.7 Serviceorientierte Prozessmodellierung

Unter der Serviceorientierten Prozessmodellierung versteht man den fachlichen Fokus auf die Gestaltung, Optimierung und Steuerung von Geschäftsprozessen im serviceorientierten Bereich.[20] Um serviceorientierte Prozessmodellierung zu gewährleisten werden sogenannte Service orientierte Architekturen verwendet (SoA – siehe Kapitel 3.7).

3.2.8 „Business Process Design"

„Business Process Design" ist zu verstehen als die kontinuierliche Evaluation und Organisation der Aufgaben, aus welchen ein Geschäftsprozess zusammengesetzt ist. Um einen Prozess „(re-)designen" zu können und dessen Performance zu erhöhen, bedarf es dabei einer Menge von Inputs, wie beispielsweise Strategieoptionen, Unternehmensziele, vorhandene IT-Ressourcen, usw. Das „Business Process Design" kann somit als der „White-Space" zwischen dem Ist- und dem Sollzustand der betrieblichen Prozesse beschrieben werden.[21]

3.2.9 Semantische Prozessmodellierung

Die Semantische Prozessmodellierung beschäftigt sich hauptsächlich mit der Modellierung von semantischen Prozessmodellen. Die Konstrukte "Informationsobjekt", "Funktion" und "Ereignis" repräsentieren dabei die aktiven und passiven Komponenten. Funktionen werden als aktive Komponenten bezeichnet, da sie betriebswirtschaftliche Funktionen im Informationssystem darstellen, wobei Ereignisse die passiven Komponenten darstellen, da sie Systemzustände bzw. betriebswirtschaftliche Bedingungen aufzeigen, die wiederum Auswirkungen auf den weiteren Ablauf besitzen. [22]

---

[19] http://wiki.ubpml.org/index.php?title=Main_Page&setlang=de, Abruf: 19.08.2010.
[20] Vgl.: http://www.uni-siegen.de/fb5/wirtschaftsinformatik/publikationen/
diplomarbeiten/pdf/da_borggraefe--papiergestuetze_service-modellierung--2008.pdf Abruf:
04.10.2010
[21] Business Process Design – 6th International Workshop on Business Process Design
(BPD'10), http://www.bpm2010.org/conference-program/workshops/bpd10/, Abrufdatum:
02.09.2010.
[22] Scheer, A.-W., et al., Semantische Prozeßmodellierung auf der Grundlage „Ereignisgesteuerter Prozeßketten (EPK)", Heft 89, Januar 92, S. 10f.

3.3 Technische Anforderungen

3.3.1 „Business Intelligence" (BI)

„Business Intelligence" im engeren Sinne beschreibt Anwendungen, die die betriebswirtschaftliche Entscheidungsfindung unmittelbar unterstützen. Diese sind vor allem OLAP (= Online Analytical Processing), MIS (Management Information Systems) und EIS (Executive Information Systems).[23]

Diese Auffassung wird in Literatur und Praxis unterschiedlich ausgedehnt, da auch andere Anwendungen in diese Informationslieferung involviert sind. Im weiteren Sinne werden deshalb auch „Text-Mining", „Data-Mining", „Reporting-Systeme" oder sogar auch Datenbankmanagementsysteme unter dem Begriff BI verstanden.

3.3.2 „Complex Event Processing" (CEP)

CEP beschreibt Methoden, Techniken und Werkzeuge um Ereignisse zu verarbeiten, während Sie passieren. Die Idee liegt in der automatischen Generierung von Wissen (sog. komplexen Ereignissen) bzw. Situationen, welche nur aus der Kombination mehrerer Ereignisse resultieren können. Das Ziel des „Complex Event Processing" ist die automatische und sinnvolle Reaktion auf die erkannten Situationen.

Typische Einsatzgebieten des CEP sind „Business Activity Monitoring" (Überwachung von Geschäftsprozessen und Generierung von „Key Performance" Indikatoren (KPI)), Sensor-Netzwerke (z.B. Überwachung industrieller Anlagen) oder Marktdaten (z.B. Früherkennung von Trends).[24]

3.3.3 „Social BPM"

„Social BPM" stellt eine Verbindung zwischen Technologien und Verfahren des Web 2.0 und dem Business Process Management her. Viele Anwendungen, die erst mit dem Web 2.0 möglich wurden, können nun auch für das BPM nutzbar gemacht werden. Ein wichtiger Punkt hierbei ist die Kollaboration (z.B. im Bereich der Modellierung: *Collaborative Business Process Mode-*

---

[23] Kemper, H.-G., Mehanna, W., Unger, C.: Business Intelligence – Grundlagen und praktischen Anwendungen – Eine Einführung in die IT-basierte Management-Unterstützung, Vieweg Friedr. + Sohn Verlag; Auflage: 1 (November 2004), S. 2ff.

[24] Eckard, M.: Complex Event Processing (CEP), http://www.gi-ev.de/service/informatiklexikon/informatiklexikon-detailansicht/meldung/complex-event-processing-cep-221.html, Abrufdatum: 06.07.2010.

ling[25]). Sie ermöglicht einen effizienten Zugriff auf das in einer Community (soziales Netzwerk) vorhandene Erfahrungswissen, auf Lösungsideen und Best Practices, die auch für das BPM an Relevanz gewinnen. Kernpunkt ist die Integration der ausführenden Mitarbeiter in die Prozessgestaltung.

Synonym: "Collaborative BPM"

3.3.4 Workflowmanagement (WfM)

„Workflow-Management (WfM, auf deutsch etwa „Verwaltung von Arbeitsabläufen") ist die informationstechnische Unterstützung oder Automatisierung von Geschäftsprozessen."[26]

WfM stellt die notwendigen Werkzeuge und Informationen zur Verfügung, meist durch elektronische Systeme wie ein Workflowmanagement System, um Geschäftsprozesse ganzheitlich zu unterstützen.

Da meist viele unterschiedliche Bearbeiter an einem Prozess beteiligt sind, die allerdings räumlich verteilt arbeiten, versucht das Workflowmanagement die verschiedenen Änderungen zu koordinieren und Redundanzen und Überschneidungen zu vermeiden.

3.3.5 Serviceorientierte Architekturen (SoA)

Serviceorientierte Architekturen (SoA) sind weniger auf der Fachebene als vielmehr auf Implementierung- bzw. IT-Ebene anzusiedeln. Es handelt sich dabei um einen neuen Ansatz im Sinne der IT-Umsetzung.

Die Idee ist die Zerlegung der Software in kleinste Stücke (Prozesse, Services) welche anschließend zu Gesamtprozessen orchestriert werden können. Einzelne Prozesse können hierbei auf unterschiedlichste Weisen, im Hinblick auf die verwendete Programmiersprache, Datenbank und Systemumgebung, realisiert werden, was zu Plattform- und Programmiersprachenunabhängigkeit führt.

Darüber hinaus werden diese Services nicht nur im eigenen Unternehmen bereitgestellt sondern können auch über das WWW (World Wide Web) mit Hilfe von Webservices bezogen werden.

---

[25] Keller, M.; Scherer, R.J.; Menzel, K.; Theling, T.; Vanderhaeghen, D.; Loos, P.: Support of Collaborative Business Process Networks in AEC,
http://citeseerx.ist.psu.edu/viewdoc/download?doi=10.1.1.96.794&rep=rep1&type=pdf,
Abrufdatum: 02.09.2010.
[26] Siehe: http://de.wikipedia.org/wiki/Workflow-Management Abruf: 04.10.2010.

3.3.6 „Human Centric BPM"

Unter „Human Centric BPM" versteht man BPM Software, die besonders dafür geeignet sind, menschliche Interaktion mit einzubeziehen. Im Gegensatz zu „Integration-Centric BPM" Software verstehen sie sich darin den Mensch und die menschliche Tätigkeit in die Geschäftsprozesse mit einzubeziehen und nicht alle Aufgaben auf automatisierte IT-Software zu übertragen.[27]

3.3.7 „Case Management BPM"

„Case Management BPM" umfasst die Modellierung und Automatisierung sowie die Analyse und das „Redesign" von Prozessen.

In der Sichtweise des inneren und äußeren Kreises deckt das „Case Management BPM" alle Zyklen innerhalb dieser Sichtweise ab. Im inneren Kreis befinden sich das Prozessmonitoring und die Prozessanpassung und –änderung. Die Schnittstelle zum äußeren Kreis bildet die Prozessausführung. Auf dem äußeren Kreis liegen die Prozessbewertung, -analyse und das –(re)design.

Mit bestimmten Suiten (z.B. BPM|one[28]) ist es möglich, nur ein Tool für den kompletten Zyklus zu verwenden.

3.3.8 „Discrete Event Simulation" (DES)

Bei „Discrete Event Simulation" handelt es sich um eine technische Methode zur Prozesssimulation. Durch kontinuierliche Beobachtung des Betriebs werden dabei Zufallszahlen erzeugt, anhand welcher Wahrscheinlichkeiten für das Eintreten bestimmter Systemzustände generiert werden, wodurch wiederum die Ereignisgesteuerte Prozesssimulation ermöglicht wird.[29]

3.3.9 „Activity Mining"

Unter „Activity Mining", als Teilbereich des „Data-Mining", versteht man die Identifizierung von unstrukturierten Prozessen (Aktivitäten)[30]. Die Resultate dienen als Grundlage zur Prozessoptimierung und zur Unterstützung von Ma-

---

[27] Vgl.: http://en.q-bpm.org/mediawiki/index.php/Human-Centric_BPM Abruf: 04.10.2010.

[28] Suite von Pallas Athena, http://www.pallas-athena.com/products/bpmone, Zugriff am 24.08.2010.

[29] Fishman, G.S.: Discrete-Event Simulation: Modeling, Programming, and Analysis (Springer Series in Operations Research).

[30] Cao, L.; Zhao, Y.; Zhang, C.; Zhang, H.: Activity Mining: From Activities to Actions, http://ideas.repec.org/a/wsi/ijitdm/v07y2008i02p259-273.html, Abrufdatum: 31.08.2010.

nagemententscheidungen, sodass eine Standardisierung der Prozesse erfolgen kann. „Activity Mining" kann somit ebenfalls als Teilbereich des „Process Discovery" aufgefasst werden.

3.3.10 „Business Activity Monitoring" (BAM)

Das „Business Activity Monitoring" liefert detaillierte Information über die Wirkung, den Status und das Ergebnis von Geschäftsprozessen während der Ausführung. Das Ziel ist dabei die Identifizierung von Schwachstellen innerhalb des Prozesses, sowie die Ermittlung der Prozess-Performanz. Ebenfalls werden hierbei die Auswirkungen von Geschäftsprozessen auf übergeordnete Prozesse ermittelt, und stellen damit eine Unterstützung der Entscheidungsfindung für das Managements dar. [31]

3.3.11 „Data Envelopment Analysis" (DEA)

„Data Envelopment Analysis" (deutsch: Dateneinhüllungsanalyse) ist eine Technik zur Effizienz-Analyse aus dem Bereich des „Operations Research". Sie stellt das Gegenstück zur klassischen Produktionsfunktion dar. Auf Basis empirischer Daten ermittelt DEA die besten tatsächlich realisierbaren Effizienzbedingungen und erlaubt so die Identifikation der „Best Practice" für jede einzelne der analysierten „Decision Making Units" (DMUs oder produzierende Einheiten). Diese Einheiten können sehr unterschiedlich definiert werden, so könnte eine DMU eine betriebliche Einheit oder nur ein Prozess darstellen. [32]

3.3.12 „Dynamic BPM"

Das „Dynamic BPM" ermöglicht die Änderung der Prozessausführung zur Laufzeit, beispielsweise durch die Wahl eines Sub- oder Alternativprozesses. Dabei können unterschiedliche Aspekte, wie Ressourcen-Engpässe, Echtzeitwissen aus der Ausführung des bisherigen Prozesses oder Ähnliches die Grundlage bilden. [33]

---

[31] Luckham, D.: The Beginnings of IT Insight: Business Activity Monitoriny, http://www.complexevents.com/media/articles/cep-article-three.pdf, Abrufdatum: 31.08.2010.
[32] Hoffmann, C. : Die Data Envelopment Analysis (DEA) und ihre Anwendungsmöglichkeiten zur vergleichenden Effizienzanalyse im Forstwesen, Wien, April 2006, S.11.
[33] Vgl.: http://www.fr.tibco.com/software/business-process-management/dynamic-bpm/default.jsp Abruf: 04.10.2010.

3.3.13 „Abductive Workflow Mining"

Unter „Abductive Workflow Mining" versteht man den Prozess, dass eine Aktivität zwangsläufig impliziert, das eine kritische Aktivität stattfinden sollte.[34]

Dabei bezeichnet man einen Workflow dann als „abductive Workflow", wenn eine Aktivität in einem Workflow W' beobachtet werden kann, der eine Untermenge des Workflows W ist, die zwangsläufig impliziert, dass es eine dazugehörige Aktivität in dem Workflow W gibt.

3.4 „Buzzwords"

„Buzzword"	Quelle
BPM in the large	Fettke, P., et al: BPM-in-the-Large – Towards a Higher Level of Abstraction in Business Process Management, Springer 2010
Modelling in the Cloud	Hänel, G.: Vertical profiles of the scattering coefficient of dry atmospheric particles over Europe normalized to air at standard temperature and pressure, 1997

Tabelle 1: „Buzzwords"

---

[34] Scott Buffett: Abductive Workflow Mining Using Binary Resolution on Task Successor Rules, Lecture Notes in Computer Science, Volume 5321, Rule Representation, Interchange and Reasoning on the Web, Seiten 47-57. 2008.

4. BPM-Technologie-Radar

Entsprechend der in Kapitel 2 vorgestellten Vorgehensweise wurde eine Suche und Analyse von Schlagwörtern im Kontext des Geschäftsprozessmanagements vorgenommen. Die entstandene Analysetabelle mit Detailinformationen kann dem Anhang entnommen werden. Anhand dieser Untersuchung wurde das folgende Technologie-Radar als Resultat der Arbeit erstellt und optisch aufbereitet.

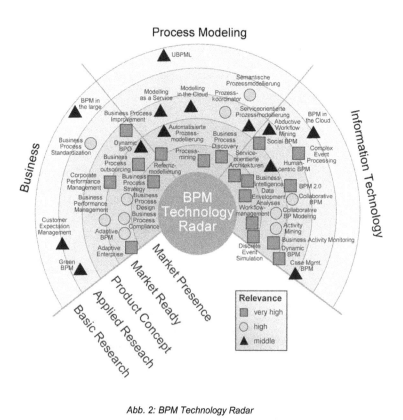

Abb. 2: BPM Technology Radar

Wie bereits in den einleitenden Kapiteln beschrieben wurde im Radar eine Zuteilung der identifizierten Technologien in die Kategorien „Business", „Process

Modeling" und „Information Technology" vorgenommen. Im Gegensatz dazu wäre auch eine Kategorisierung im Sinne des BPM-Lebenszyklus vorstellbar, was konkret zu den Kategorien „Strategy Development", „Definition and Modeling", „Implementation", „Execution", „Monitoring and Controlling" und „Optimization and Improvement" führen würde. Problematisch wäre in diesem Fall allerdings die Zuordnung zu den einzelnen Kategorien sehr aufgrund vieler Überschneidungen.

Weiterhin ist anzumerken, dass das vorgestellte Radar und die darin enthaltenen Technologien keinen Anspruch auf Vollständigkeit haben. In nachfolgenden Arbeiten ist eine Vervollständigung deshalb durchaus denkbar und sinnvoll.

Dem Radar kann entnommen werden, dass in der hier gewählten Kategorisierung keine größeren Lücken zum Vorschein kommen. Da diese Tatsache nicht auf eine alternative Kategorieauswahl übertragen werden kann, ist auch dies ein weiterer Ansatzpunkt für spätere Untersuchungsanstrengungen.

Auffällig ist weiterhin, dass Technologien mit einer sehr hohen Relevanz gleichzeitig eher in der Mitte des Radar angeordnet sind, also bereits eine gewissen Markt-Präsenz vorweisen, während Technologien von mittlerer Relevanz eher im mittleren bis äußeren Bereich angesiedelt sind, also eher als aktuelle Forschungs- bzw. Entwicklungsgegenständige zu betrachten sind. Die Übertragbarkeit dieser Erkenntnis auf andere Technologien sollte geprüft werden.

5. Fazit & Ausblick

In dem erarbeiteten Radar ist zu erkennen, dass es relativ viele aktuelle Technologien im Bereich des BPM gibt, die bereits am Markt präsent sind. Dies verdeutlicht, dass das Thema eine hohe Relevanz in Unternehmen hat und auch ständig weiter ausgebaut wird, wie man an dem Bereich des „Basic Research" erkennen kann. Hier gibt es noch einige Themen, die gerade erst aufgegriffen wurden, und die noch näher betrachtet werden können.

Es muss festgehalten werden, dass das Radar nicht alle relevanten Technologien abdecken kann, da es ein aktuelles Thema ist und ständig neue Technologien dazu kommen. Man könnte es in einer zukünftigen Arbeit noch erweitern und entsprechend mit neuen Technologien ergänzen oder bereits vorhandene Technologien in einzelne Teile aufsplitten um einen genaueren Detailgrad bei der Einordnung in die jeweiligen Bereiche zu erreichen.

Außerdem wäre es denkbar, dass man eine andere Unterteilung wählt (evtl. mehr oder auch weniger Spalten und Zeilen), da es auch Technologien gibt, die den gesamten Lebenszyklus des BPM abdecken. Diese können in hier nur bedingt dargestellt werden.

Anhang

1. Analysetabelle - Literaturdatenbanken

	Ebsco	ISI	Google Scholar	Springer	Gesamt Literatur
Social BPM	0	0	1	0	1
Process Mining	149	3	1900	413	2465
BPM in the large	2	0	2	0	4
SOA	8966	756	271000	5780	286502
Referenzmodellierung	2	24	964	153	1143
Modelling as a Service	3	0	3	765	771
Modelling in the Cloud	8	0	1	86	95
BPM in the Cloud	0	0	4	0	4
Workflowmanagement	11	45	15900	4	15960
Automatisierte Prozessmodellierung	12	0	0	0	12
Collaborative BPM	0	0	18	9	27
Semantische Prozessmodellierung	1	1	554	1	557
Dynamic BPM	0	188	35	1	224
Adaptive BPM	0	62	13	1	76
Case Management BPM	0	38	0	0	38
Business Process Discovery	4	203	62	6	275
Complex Event Processing	27	1683	1620	181	3511
Business Intelligence	20882	991	38000	2228	62101
Prozesskoordinator	1	123	60	17	201
Adaptive Enterprise	44	186	1530	123	1883
Corporate Performance Management	29	2858	1340	104	4331
Serviceorientierte Prozessmodellierung	0	0	1	1	2
BPM 2.0	9	2	77	2	90
Customer Expectation Management	15	0	98	3	116
UBPML	0	0	0	0	0
Human Centric BPM	0	0	16	0	16
Business Process Improvement	0	57	5830	184	6071
Business Performance Management	800	7	3020	129	3956
Business Process Design	117	46	3830	356	4349
Business Process Comliance	10	1	204	33	248
Business Process Standardization	6	1	166	9	182

Activity Mining	13	11	687	27	**738**
Discrete Event Simulation	2023	1775	37400	1857	**43055**
Business Activity Monitoring	143	9	1540	158	**1850**
Data Envelopment Analysis	6123	3292	27800	1474	**38689**
Abductive Workflow Mining	1	0	4	2	**7**
Business Process Strategy	3	0	146	15	**164**
Business Process Outsourcing	2024	61	7950	389	**10424**
Collaborative Business Process Modeling	4	2	50	13	**69**
Green BPM	0	0	11	1	**12**
Dynamic BPO	0	0	2	0	**2**

Tabelle 2: Analysetabelle - Literturdatenbanken

2. Analysetabelle - Suchmaschinen und Auswertung

	Gesamt Literatur	Google	Gesamt	Rele-vanz
Social BPM	1	53100	**53101**	sehr hoch
Process Mining	2465	47600	**50065**	sehr hoch
BPM in the large	4	7	**11**	mittel
SOA	286502	53400000	**53686502**	sehr hoch
Referenzmodellierung	1143	27300	**28443**	sehr hoch
Modelling as a Service	771	6	**777**	mittel
Modelling in the Cloud	95	16400	**16495**	mittel
BPM in the Cloud	4	19700	**19704**	mittel
Workflowmanagement	15960	708000	**723960**	sehr hoch
Automatisierte Prozessmodellierung	12	4	**16**	mittel
Collaborative BPM	27	4210	**4237**	hoch
Semantische Prozessmodellierung	557	3660	**4217**	hoch
Dynamic BPM	224	24500	**24724**	sehr hoch
Adaptive BPM	76	7000	**7076**	hoch
Case Management BPM	38	66700	**66738**	mittel
Business Process Discovery	275	84600	**84875**	sehr hoch
Complex Event Processing	3511	4740000	**4743511**	sehr hoch
Business Intelligence	62101	12800000	**12862101**	sehr hoch
Prozesskoordinator	201	14600	**14801**	hoch
Adaptive Enterprise	1883	37500	**39383**	sehr hoch

Corporate Performance Management	4331	202000	206331	sehr hoch
Serviceorientierte Prozessmodellierung	2	48	50	mittel
BPM 2.0	90	18200	18290	sehr hoch
Customer Expectation Management	116	2840	2956	mittel
UBPML	0	380	380	mittel
Human Centric BPM	16	403000	403016	mittel
Business Process Improvement	6071	422000	428071	sehr hoch
Business Performance Management	3956	7000	10956	hoch
Business Process Design	4349	1790	6139	hoch
Business Process Comliance	248	1080	1328	hoch
Business Process Standardization	182	474	656	hoch
Activity Mining	738	314	1052	hoch
Discrete Event Simulation	43055	2920	45975	sehr hoch
Business Activity Monitoring	1850	142000	143850	sehr hoch
Data Envelopment Analysis	38689	214000	252689	sehr hoch
Abductive Workflow Mining	7	153	160	mittel
Business Process Strategy	164	104000	104164	sehr hoch
Business Process Outsourcing	10424	1310000	1320424	sehr hoch
Collaborative Business Process Modeling	69	32200	32269	hoch
Green BPM	12	2010	2022	mittel
Dynamic BPO	2	5040	5042	mittel

Tabelle 3: Analysetabelle - Suchmaschinen und Auswertung

Literaturverzeichnis

Adaptive Enterprise, http://h40054.www4.hp.com/services/infrastruktur/ adaptive_enterprise.html, Abruf: 04.10.2010

Brocke vom, J.: Referenzmodellierung – Gestaltung und Verteilung von Konstruktionspro-zessen, Band 4, Logos Verlag Berlin 2003.

Business Process Design – 6th International Workshop on Business Process Design (BPD'10), http://www.bpm2010.org/conference-program/workshops/bpd10/, Abruf: 02.09.2010.

Business Process Discovery, http://www.tibco.com/multimedia/business-process-discovery_tcm8-2401.pdf Abruf: 12.07.2010.

Business Process Improvement, http://www.bpm-guide.de/articles/45 Abruf: 12.07.2010.

Business Process Strategy, http://www.investtechsystems.com/services-strategic-planning-business-process-strategy.htm, Abruf: 02.09.2010.

Cao, L.; Zhao, Y.; Zhang, C.; Zhang, H.: Activity Mining: From Activities to Actions, http://ideas.repec.org/a/wsi/ijitdm/v07y2008i02p259-273.html, Abruf: 31.08.2010.

Corporate Performance Management: http://www.itwissen.info/definition/lexikon/corporate-performance-management-CPM.html Abruf: 12.07.2010.

Customer Expectation Management: http://www.tschurter.com/index.php?id=customer&d=Customer%20Expect ation%20Management, Abruf: 19.08.2010.

Dous, M.: Kundenbeziehungsmanagement für interne IT-dienstleister: Strategischer Rahmen, Prozessgestaltung und Optionen für die Systemunterstützung , DUV 2007.

Dynamic BPM: http://www.fr.tibco.com/software/business-process-management/dynamic-bpm/default.jsp Abruf: 04.10.2010.

Eckard, M.: Complex Event Processing (CEP), http://www.gi-ev.de/service/informatiklexikon/informatiklexikon-detailansicht/meldung/complex-event-processing-cep-221.html, Abrufdatum: 06.07.2010.

Fishman, G.S.: Discrete-Event Simulation: Modeling, Programming, and Analysis (Springer Series in Operations Research).

Hoffmann, C. : Die Data Envelopment Analysis (DEA) und ihre Anwendungsmöglichkeiten zur vergleichenden Effizienzanalyse im Forstwesen, Wien, April 2006.

Human Centric BPM: http://en.q-bpm.org/mediawiki/index.php/Human-Centric_BPM Abruf: 04.10.2010.

Keller, M.; Scherer, R.J.; Menzel, K.; Theling, T.; Vanderhaeghen, D.; Loos, P.: Support of Collaborative Business Process Networks in AEC, http://citeseerx.ist.psu.edu/viewdoc/download?doi=10.1.1.96.794&rep=rep1&type=pdf, Ab-rufdatum: 02.09.2010.

Kemper, H.-G., Mehanna, W., Unger, C.: Business Intelligence – Grundlagen und praktischen Anwendungen – Eine Einführung in die IT-basierte Management-Unterstützung, Vieweg Friedr. + Sohn Verlag; Auflage: 1 (November 2004).

Lonjon, A.: Business Process Modeling and Standardization, BPTrends December 2004, http://www.bptrends.com/publicationfiles/12-04%20wp%20bpm%20and%20standardization%20-%20lonjon.pdf, Abrufdatum: 31.08.2010.

Luckham, D.: The Beginnings of IT Insight: Business Activity Monitoriny, http://www.complexevents.com/media/articles/cep-article-three.pdf, Abruft: 31.08.2010.

Narings, A.: Messbare Prozessverbesserung durch automatisiertes Business – Business Process Discovery, http://www.bpm-expo.com/bpmexpo/export/sites/default/fachinfo/IT-Themen/BPDComprehend_DE_IT_Fokus_23_02_2007.pdf, Abruf: 06.07.2010.

Prozesskoordinator: http://www.bpm-guide.de/articles/45 Abruf: 12.07.2010.

Process Mining: http://prom.win.tue.nl/research/wiki/ Abruf: 04.10.2010.

Rinderle-Ma, S.; Ly L.T.; Dadam, P.: Business Process Compliance; Institue of Database and Information Systems, University of Ulm, Germany, http://dbis.eprints.uni-ulm.de/467/1/EMISA_aktschlagwort_compliance.pdf, Abruf: 31.08.2010.

Rohrbeck, R., Heuer, J., Arnold, H.: The Technology Radar – An Instrument of Technology Intelligence and Innovation Strategy, Präsentationsfolie 5, IEEE-ICMIT Conference, Singapore.

Schäfer, M.: Business Process Outsourcing – Hauptseminar „Software und Agilität: Einsatz von Web- und Service-Technologien", Universität Stuttgart, Institut für Architektur von An-wendungssystemen, ftp://ftp.informatik.uni-stuttgart.de/pub/library/medoc.ustuttgart_fi/SEM-2008-07/SEM-2008-07.pdf, Abrufdatum: 02.09.2010.

Scheer, A.-W., et al., Semantische Prozeßmodellierung auf der Grundlage „Ereignisgesteuerter Prozeßketten (EPK)", Heft 89, Januar 92.

Scott Buffett: Abductive Workflow Mining Using Binary Resolution on Task Successor Rules, Lecture Notes in Computer Science, Volume 5321, Rule Representation, Interchange and Reasoning on the Web, 2008.

Serviceorientierte Prozessmodellierung: http://www.uni-siegen.de/

fb5/wirtschaftsinformatik/publikationen/diplomarbeiten/pdf/da_borggraefe--papiergestuetze_service-modellierung--2008.pdf Abruf: 04.10.2010

Suite von Pallas Athena, http://www.pallas-athena.com/products/bpmone, Zugriff am 24.08.2010.

UBPML: http://wiki.ubpml.org/index.php?title=Main_Page&setlang=de, Abruf: 19.08.2010.

Wikipedia: Business Process Improvement, http://en.wikipedia.org/wiki/Business_process_improvement Abruf: 12.07.2010.

Wikipedia: Corporate Performance Management, http://de.wikipedia.org/wiki/Corporate-Performance-Management Abruf: 12.07.2010.

Workflowmanagement: http://de.wikipedia.org/wiki/Workflow-Management Abruf: 04.10.2010.

www.ingramcontent.com/pod-product-compliance
Lightning Source LLC
La Vergne TN
LVHW042306060326
832902LV00009B/1300